BEI GRIN MACHT SICH IHR WISSEN BEZAHLT

- Wir veröffentlichen Ihre Hausarbeit, Bachelor- und Masterarbeit
- Ihr eigenes eBook und Buch - weltweit in allen wichtigen Shops
- Verdienen Sie an jedem Verkauf

Jetzt bei www.GRIN.com hochladen und kostenlos publizieren

Bibliografische Information der Deutschen Nationalbibliothek:

Die Deutsche Bibliothek verzeichnet diese Publikation in der Deutschen Nationalbibliografie; detaillierte bibliografische Daten sind im Internet über http://dnb.d-nb.de/ abrufbar.

Dieses Werk sowie alle darin enthaltenen einzelnen Beiträge und Abbildungen sind urheberrechtlich geschützt. Jede Verwertung, die nicht ausdrücklich vom Urheberrechtsschutz zugelassen ist, bedarf der vorherigen Zustimmung des Verlages. Das gilt insbesondere für Vervielfältigungen, Bearbeitungen, Übersetzungen, Mikroverfilmungen, Auswertungen durch Datenbanken und für die Einspeicherung und Verarbeitung in elektronische Systeme. Alle Rechte, auch die des auszugsweisen Nachdrucks, der fotomechanischen Wiedergabe (einschließlich Mikrokopie) sowie der Auswertung durch Datenbanken oder ähnliche Einrichtungen, vorbehalten.

Impressum:

Copyright © 2013 GRIN Verlag, Open Publishing GmbH
Druck und Bindung: Books on Demand GmbH, Norderstedt Germany
ISBN: 978-3-668-07911-3

Dieses Buch bei GRIN:

http://www.grin.com/de/e-book/309363/der-aufbau-eines-modernen-flugzeugs-ein-begriffsnetz-erstellen-3-klasse

Kristina Gräfenstein

Der Aufbau eines modernen Flugzeugs. Ein Begriffsnetz erstellen (3. Klasse)

GRIN Verlag

GRIN - Your knowledge has value

Der GRIN Verlag publiziert seit 1998 wissenschaftliche Arbeiten von Studenten, Hochschullehrern und anderen Akademikern als eBook und gedrucktes Buch. Die Verlagswebsite www.grin.com ist die ideale Plattform zur Veröffentlichung von Hausarbeiten, Abschlussarbeiten, wissenschaftlichen Aufsätzen, Dissertationen und Fachbüchern.

Besuchen Sie uns im Internet:

http://www.grin.com/

http://www.facebook.com/grincom

http://www.twitter.com/grin_com

Kristina Gräfenstein

Lehrkraft im Vorbereitungsdienst

Unterrichtsentwurf
anlässlich eines Pädagogikseminarbesuchs im Fach Sachunterricht

Fach: Sachunterricht

Datum: 04.04.2013

Zeit: 1. Stunde (8.00 – 8.45)

Schülerzahl: 21 (10 Mädchen/ 11 Jungen)

Klasse: 3

Pädagogikseminarleiter:

Fachlehrerin:

Schulleiterin:

Thema der Unterrichtseinheit: Rund ums Fliegen.

Thema der Unterrichtsstunde: Der Aufbau eines modernen Flugzeugs.

1. Stellung der Stunde innerhalb der Unterrichtseinheit

Rund ums Fliegen

Stunde	Inhalt
1. (45 Min)	Wie kann ein Flugzeug fliegen? - *Bau einer Tragfläche.*
2.-3. (90 Min)	Die Entwicklung der Fluggeräte - *Erarbeitung und Präsentation verschiedener Fluggeräte und Anordnung an einem Zeitstrahl*
4.-5. (90 Min)	**Der Aufbau eines modernen Flugzeugs** - *1. Std. Vorwissensaktivierung durch ein Begriffsnetz* - *2. Std. Skizzierung und Beschriftung eines Flugzeugs*
6. (45 Min)	Berufe rund ums Fliegen - *Eigene Recherche mit Hilfe von Büchern*
7. (45 Min)	Der Flughafen - *Arbeit am Plan*
8.	Exkursion zum Flughafen

2. Kompetenzen und Ziele

2.1. Verankerung im Kerncurriculum

Die vorliegende Unterrichtsstunde kann dem Kompetenzbereich „Technik" zugeordnet werden. Hier heißt es, dass die Schülerinnen und Schüler „an einem Beispiel Weiterentwicklung, Veränderung und Folgen technischer Erfindungen im Wandel der Zeit erläutern [können]."[1]

Darüber hinaus werden folgenden Kenntnisse und Fertigkeiten beschrieben: Die Schülerinnen und Schüler können „beispielhaft die Bedeutung und Auswirkung einer technischen Erfindung (z.B. Rad, Buchdruck, Papier, Fahrzeuge, Fluggeräte, Haushaltsgeräte) auf Mensch und Umwelt erfassen (Veränderung von Arbeitstätigkeit und Arbeitsbedingungen, Familienleben, Freizeit, Umwelt)."[2]

---

[1] Niedersächsisches Kerncurriculum (2006), S. 27
[2] s.o.

2.2. Schwerpunktziel der Unterrichtsstunde

Die Schülerinnen und Schüler ordnen und strukturieren in Partnerarbeit ihr Vorwissen, das sie über den Aufbau eines modernen Flugzeuges besitzen, indem sie ein Begriffsnetz zum Aufbau eines modernen Flugzeuges erstellen.

3. Beschreibung der Lerngruppe und ihrer Vorkenntnisse

Die Klasse 3x der Xschule setzt sich aus insgesamt 21 Schülerinnen und Schülern zusammen. Darunter befinden sich 10 Mädchen und 11 Jungen. Die Klasse kann als sehr lebhaft und interessiert beschrieben werden, was sich an der aktiven Teilnahme an gemeinsamen Erarbeitungen und Unterrichtsgesprächen erkennen lässt. Vor allem im Sachunterricht werden das Interesse und die Neugierde an den naturwissenschaftlichen Themen deutlich. Einige der im Unterricht durchgeführten Versuche wurden von den Schülerinnen und Schülern Zuhause selbstständig ausprobiert, oder im Anschluss an den Unterricht wiederholt. Die Leistungen der Schülerinnen und Schüler im Sachunterricht unterscheiden sich dahingehend, dass einige Kinder, wie z.B. X, viele Vorkenntnisse zu den eingeführten Unterrichtsthemen besitzen, andere Schüler/innen jedoch nur in einem sehr geringen Umfang.

Desweiteren lässt sich bei der hier beschriebenen Lerngruppe ein Unterschied in der Arbeitsgeschwindigkeit feststellen. Einigen Kindern, wie z.B X, fällt es sehr schwer ihre gedanklichen Ideen, sei es in Form der Vermutung, der Beobachtung oder auch der Erklärung, in eine schriftliche Form zu bringen. Deswegen lasse ich den Schülerinnen und Schülern oft die Chance ihre Beobachtungen zu zeichnen und in der Ergebnissicherung zu beschreiben. Vor allem X erleichtert diese offene Arbeitsweise das Festhalten ihrer Ergebnisse, da bei ihr eine Lese-Rechtschreibschwäche diagnostiziert wurde.

Die Schülerin X hat einen sonderpädagogischen Förderbedarf. Aufgrund dessen sie mehrmals wöchentlich für einzelne Stunden aus dem Klassenunterricht herausgenommen wird und konkrete Hilfestellungen durch eine Förderschullehrerin erhält.

Die Vorkenntnisse der Schülerinnen und Schüler der Klasse 3x lassen sich in Bezug auf die Unterrichtsstunde am 04.04.2013 wie folgt beschreiben:

Der Einheit „Rund ums Fliegen" ging die Einheit „Luft" voran, sodass die Voraussetzungen eines An- und Auftriebs bereits erarbeitet worden sind. Außerdem wurde die Entwicklung der Fluggeräte in Gruppenarbeit zusammengefasst und an einem Zeitstrahl festgehalten, sodass den Schülerinnen und Schülern deutlich gemacht werden kann, dass die Entwicklung eines modernen Flugzeuges ein jahrhunderte langer Prozess war.

4. Geplanter Unterrichtsverlauf

Zeit	Unterrichts-phase	Geplanter Unterrichtsverlauf	Arbeits-/Sozialform	Medien/Materialen
8.00 (5Min)	Begrüßung und Einführung	LiVD begrüßt die SuS mit einem Ritual und stellt den Besuch vor. Der Verlauf der Stunde wird transparent gemacht und das Ziel genannt.	Plenum, Lehreraktion	Karten zur Stundentransparenz
8.05 (8Min)	Informations-phase	LiVD lässt den an der Tafel notierten Arbeitsauftrag vorlesen und erläutert diesen kurz. Die Partner werden mit Hilfe der Verabredungskarten zugeteilt und das Material durch den Verteilerdienst ausgeteilt. Die zur Verfügung stehende Arbeitszeit (voraussichtlich 22 Minuten) werden angesagt und durch die Stoppuhr visualisiert.	Plenum, Lehreraktion	Tafel, Stoppuhr, Verabredungskarten, Material für die Erarbeitung: -Plakat - Begriffskarten - Umschlag
8.13 (22Min)	Erarbeitungs-phase	Die SuS sortieren die Begriffskarten als erstes nach ihnen bekannten und unbekannten Begriffen. Die unbekannten werden in den vorbereiteten Umschlag gesteckt, die bekannten nach möglichen Zusammenhängen geordnet, aufgeklebt, Beziehungen visualisiert und versprachlicht.	Schüleraktion	Kleber, Schere, Material für die Erarbeitung: -Plakat - Begriffskarten - Umschlag

8.35 (10Min)	Ergebnis-sicherung	Die SuS bilden einen Kinositz. Einige der Begriffsnetze werden durch die SuS präsentiert. Dabei beurteilt das Plenum mithilfe von Rückmeldungskarten die Strukturierung bzw. die Art und Weise der Präsentation.	Kinositz, Schüleraktion	Rückmeldungskarten

Zeitplus: Eine Abbildung eines Flugzeuges wird mit Hilfe von vergrößerten Begriffskarten beschriftet.

Zeitminus: Die Präsentation der Begriffsnetze kann in die darauffolgende Sachunterrichtsstunde verlegt werden.

5. Anhang

I. Literaturverzeichnis

Heller, Sabine; Niedermeir, Katrin (2011): *Beurteilen und Bewerten im Sachunterricht. 2.-4. Schuljahr.* München: Oldenbourg Schulbuchverlag GmbH.

Koc, Aydogan (2004): *Warum fällt uns der Himmel nicht auf den Kopf? Fragen zu Luft- und Raumfahrt einfach und verständlich beantwortet.* München: Koc Consulting

Nahum, Andrew (1999): *Flugmaschinen. Die faszinierende Geschichte der Flugtechnik. Von den Heißluftballons des 18. Jahrhunderts bis zu den Düsenflugzeugen der Gegenwart.* Hildesheim: Gerstenberg Verlag.

Niedersächsisches Kultusministerium (2006): *Kerncurriculum für die Grundschule – Schuljahrgänge 1-4 Sachunterricht.* Hannover.

Von Croy, Alexis (2010): *Was sie über das Fliegen wissen sollten. 100 Fragen und Antworten.* München: Herbig Verlagsbuchhandlung GmbH.

II. Stundentransparenz

Sach-unterricht

Partner-arbeit

Kinositz

III. **Begriffskarten**

Rumpf	Ausgänge
Kabinenfenster	Cockpit
Tragflächen	Triebwerke (Motoren)
Reifen	Bug
Heck	Kabine
Gepäckraum	Toiletten
Kompass	Lichter
Sitze	Bremsklappen

IV. **Präsentationsrückmeldung**

Mir hat die Präsentation gefallen, weil...

Schön wäre es noch, wenn...

BEI GRIN MACHT SICH IHR WISSEN BEZAHLT

- Wir veröffentlichen Ihre Hausarbeit, Bachelor- und Masterarbeit

- Ihr eigenes eBook und Buch - weltweit in allen wichtigen Shops

- Verdienen Sie an jedem Verkauf

Jetzt bei www.GRIN.com hochladen und kostenlos publizieren